HISTOIRE

DU

FOULARD DES INDES

Paris. — Imprimerie VALLÉE, 15, rue Breda.

HISTOIRE

DU

FOULARD DES INDES

PAR LE DIRECTEUR

de la

COMPAGNIE DES INDES

COMPAGNIE DES INDES

42, rue de Grenelle-Saint-Germain, 42

PARIS

1857

AVANT-PROPOS

De tous les tissus qui servent à l'usage corporel de l'homme, le foulard de l'Inde est regardé, à juste raison, comme le plus riche, le plus élégant, et en même temps, le plus solide.

Ses qualités hygiéniques sont incontestables.

Il est plus chaud que la laine sous un moindre volume.

Il ne se froisse pas comme les tissus de taffetas, et cependant, il est propre à de plus nombreux usages.

Qu'on ne se hâte pas de nous taxer d'exagération ; nous prouverons ce que nous avançons dans le corps de cet opuscule, car si l'usage du tissus foulard a été si restreint pendant un quart de siècle, c'est au commerce lui-même, plutôt qu'à la cherté du produit qu'il faut s'en prendre.

*
* *

Nos grands-pères faisaient un usage constant du foulard dans tous les cas où il peut entrer dans les nécessités journalières ; nos grand'mères en confectionnaient leurs plus gracieuses toilettes.

Comme tant d'autres choses excellentes, qu'on devrait bien remettre en vogue, le foulard de l'Inde tomba par suite de son trop grand succès même.

La spéculation indélicate se mit de la partie
et, sous le nom de foulard de l'Inde, livra à
la consommation des tissus inférieurs adroite-
ment imités.

Les premiers spéculateurs firent fortune,
mais l'industrie fut tuée ; les bons pâtirent
pour les mauvais, c'est le résultat assez ordi-
naire de ces sortes d'affaires.

Pendant plus de vingt ans on n'entendit
plus parler du foulard de l'Inde, ou du moins
on n'y croyait plus. On le mettait sur le même
rang que les porcelaines du Japon et de la
Chine, dont il n'arrivait pas, en Europe, mille
exemplaires authentiques par chaque année.
Si bien que le jour où nous entreprîmes de ré-
importer à Paris ces admirables tissus, on ne
fut pas très-éloigné de nous en croire les in-
venteurs.

Aujourd'hui la surprise est passée, la vogue

est revenue, et les tissus que nous mettons en vente dans nos magasins de la *Compagnie des Indes*, 42, rue de Grenelle Saint-Germain ont reconquis la confiance du public.

Nos solides relations établies avec l'Inde et la Chine nous permettent de nous maintenir dans les conditions les plus exceptionnelles et si nous n'avons pas inventé le foulard de l'Inde comme nous le faisions observer tout à l'heure, nous l'avons cependant vulgarisé, au point d'en faire une étoffe de première nécessité.

HISTOIRE

DU

FOULARD DE L'INDE

C'est à la Chine, dit M. J. Courtet, que l'Europe est redevable du bienfait de la production de la soie.

La culture du mûrier et l'éducation du ver à soie étaient pratiquées plus de douze cent soixante-dix ans avant notre ère par les Chinois qui ont donné au mûrier le nom d'arbre d'or. d'arbre doué de la bénédiction de Dieu.

De la Chine l'industrie de la soie passa immédiatement dans l'Inde où elle fit de rapides progrès. Toutes les traditions nous apprennent que, de temps immémorial, l'Inde confectionnait les admirables tissus de cachemire.

De l'Inde l'industrie de la soie passa en Perse et se répandit ensuite sur divers points de l'Asie où les conquêtes d'Alexandre le Grand concoururent à la propager.

*
* *

Les Phéniciens firent un grand commerce des étoffes de soie de l'Asie; le mûrier et son hôte le précieux ver à soie s'acclimatèrent en Europe sous le règne de Justinien.

De la Grèce cette industrie passa en Sicile puis en Italie, enfin en France sous le règne de Charles VIII.

Louis XI fut le créateur de l'industrie de la soie dans la ville de Lyon.

Bien que nous n'ayons à nous occuper ici que du *foulard de l'Inde,* le seul que nous vendions dans nos magasins, et dont la fabrication est restée bien supérieure à celle de l'Europe nous citerons cependant, à titre de document historique peu connu et des plus curieux, les lettres patentes qui créèrent les premiers métiers en France et les obstacles qu'eut à vaincre la naissante industrie qui allait devenir une des sources de richesses pour notre patrie.

**
* *

Louis XI, par lettres patentes en date du 24 novembre 1446, donne ordre « que l'art et ouvrage de faire des draps d'or et de soie, soit commencé et introduit dans la ville de Lyon, en laquelle, comme l'on dit, en y a jà aucun commencement. »

Le consulat de la ville fit des remontrances contre les lettres patentes, disant qu'il n'y a personne dans la ville qui veuille fournir ni argent ni soie ni autres matières nécessaires pour faire ouvrer les draps d'or et de soie, car les marchands experts ont reconnu qu'on ne pouvait faire de tels draps en cette ville, pour le prix que le font les transmontains, qui ont plusieurs manières de faire, moyens et pratiques qu'ils n'ont pas par deçà.

Comme on le voit, la municipalité lyonnaise était loin de se douter que la soie ferait un jour la fortune de la ville; mais revenons au foulard de l'Inde.

*
* *

Pendant le moyen âge, les soieries de l'Inde coûtaient un prix qui ne les rendait accessibles qu'aux grosses fortunes. Elles arrivaient en Europe sur les vaisseaux des républiques italiennes qui les recevaient dans le Levant, des caravanes arrivant du pays de Cachemyre.

L'avidité avec laquelle on cherchait à se les procurer était telle, que des familles se ruinaient pour se parer du précieux tissu. Nos rois crurent éteindre cet amour du luxe par des édits somptuaires, ils ne firent que le rendre plus violent.

*
* *

La découverte du chemin de l'Inde par le

cap de Bonne-Espérance fit un peu baisser le prix du foulard indien, mais sa vraie vulgarisation dans notre pays ne date, à proprement dire, que de la fondation des compagnies des Indes orientales.

*
* *

La première compagnie des Indes *françaises* remonte à Henri IV; elle dura peu et c'est seulement sous Louis XIV qu'une nouvelle société, mieux constituée, mit la France en rapports réguliers avec Pondichéry, Chandernagor et la Chine.

Le foulard de l'Inde et l'étoffe foulard parurent alors régulièrement sur nos marchés, et les coquettes marquises du règne de Louis XV à l'exemple de la Pompadour, en composèrent leurs plus galants déshabillés.

La bourgeoisie prit modèle sur la cour ; après les marquises, les présidentes et les financières, la classe moyenne adopta les tissus indiens qui cessèrent d'être une étoffe de luxe quand on vit combien leur solidité les rendait économiques.

*
* *

Le blocus continental donna la vogue à la soierie lyonnaise, par l'impossibilité où l'on se trouvait de recevoir le foulard de l'Inde ; mais ce dernier reprit promptement sa prépondérance sous la restauration et pendant les premières années du règne de Louis-Philippe, époque à laquelle un coup plus terrible que le blocus continental devait lui être porté.

*
* *

Des commerçants peu scrupuleux, car il s'en rencontre malheureusement de tels, firent confectionner des tissus, imitant le foulard, avec des soies inférieures ; ils s'appliquèrent à copier la teinture indienne et, c'est ici que se trouve la fraude, les jetèrent sur le marché comme de vrais produits de l'Inde et de la Chine.

*
* *

La mauvaise qualité de ces produits faux dégoûta le consommateur des produits véritables et l'on entendit dire de tous côtés, qu'il était très-rare de rencontrer de bons foulards de l'Inde.

Quand on connut la fraude, il était trop tard, le préjugé était établi, il fallait le temps pour le faire disparaître.

Le foulard de l'Inde tomba dans le discrédit, mais les imitateurs y tombèrent également, conséquence inévitable à laquelle ils n'avaient pas songé et juste punition de leur fraude.

C'est ainsi que le tissu foulard, un des plus beaux, des plus solides et pourtant des plus économiques, disparut, pour ainsi dire, de la consommation pendant plus de vingt ans.

*
* *

Depuis longtemps tout ce qui était resté en stock de foulard de l'Inde vrai ou faux, avait disparu des magasins. Le peu de tissus indiens qui arrivaient encore en France étaient tenus à des prix trop élevés pour pouvoir reconquérir la vogue ; et puis, il faut le dire, les marchands qui en vendaient de faibles quantités ne se rendaient pas un compte bien exact de la valeur de ces tissus qu'ils avaient en magasin ; ils en avaient parce qu'il fallait en avoir, sous peine de ne pouvoir satisfaire de temps à autre les rares clients qui en demandaient.

**

Nos rapports avec l'Inde nous faisaient juger tout autrement des admirables tissus de cette contrée privilégiée. Nous commençâmes par nous créer des relations suivies. Nous recherchâmes les meilleurs centres de productions et, lorsque nous jugeâmes le moment favorable, c'est-à-dire à l'époque où nous ouvrîmes notre magasin de la *Compagnie des Indes*, rue de Grenelle-Saint-Germain, 42, nous nous étions assurés des sources d'alimentation dans l'Inde et dans la Chine, suffisantes pour répondre à toutes les demandes.

**

Bien nous en prit, car au bout de peu de temps, orcés d'agrandir notre maison, par suite de l'affluence du public, nous pûmes suffire à un chiffre de vente triple de celui que nous avions d'abord espéré.

L'authenticité et l'excellente qualité des tissus livrés par notre maison, eurent bientôt fait disparaître les dernières traces de mauvais souvenirs, s'il en existait encore, et, aujourd'hui, le foulard de l'Inde est plus en vogue qu'il ne l'a jamais été.

*
* *

Les compte rendus des journaux de modes ont constaté son légitime succès, et il est rare qu'une personne qui a essayé de nos tissus n'en continue pas l'usage.

*
* *

Tout cela ne s'est pas fait dans un seul jour et il y a bien eu quelques difficultés à vaincre, comme on peut s'en douter.

Par exemple, les Chinois et les Indiens, qui sont les meilleurs tisserands du monde, n'ont pas toujours le goût bien sûr dans le choix des dessins et des nuances. Si nous accusons leur goût, ils accusent le nôtre, et il y avait peu à espérer de les faire sortir du jaune et du bleu qui flatte si agréablement l'œil des fils de Bouddha.

Beaucoup de dames auraient désiré s'habiller de ces excellents tissus, mais elles craignaient, en le faisant, de ressembler trop à des Chinoises.

Il fallait prendre un parti.

La montagne ne venant pas à nous, nous sommes allés à elle,, c'est-à-dire que nous faisons graver nos planches pour l'impression, à Paris, et que nous les envoyons à nos correspondants de la Chine et de l'Inde.

Pour les étoffes brillantes et dont la délicatesse de nuances perdrait à ne pas être exécutée sous les yeux du dessinateur nous recevons nos tissus écrus de nos sources de provenance, et, comme nous ne sommes pas inférieurs aux Indiens sous le rapport de la teinture, nous les faisons teindre en France, dans des ateliers spéciaux.

***

D'une façon comme de l'autre, nous offrons à nos clients des tissus de l'Inde parés des grâces du goût parisien, éditant chaque année des dessins spéciaux créés par nos dessinateurs et dont l'exécution n'a rien à envier aux plus riches soieries.

Il va sans dire que, pour respecter tous les goûts, les amateurs trouvent dans nos magasins des foulards de l'Inde et de la Chine parés des couleurs de leur pays natal, en particulier de magnifiques dessins cachemires avec leurs riches coloris.

***

L'Inde et la Chine rivalisent pour la perfection dans la fabrication des tissus de foulard, mais c'est principalement la province de Cachemyre qui est le grand centre de production.

Le célèbre voyageur Guillaume Lejean, qui vient de visiter les côtes du golfe Persique et de la mer des Indes jusqu'à l'embouchure de l'Indus, puis qui a remonté le fleuve, visité le Penjâb et le pays de Cachemyre, vient d'envoyer en Europe, au commencement de décembre 1866, une lettre intéressante dont nous extrayons le passage suivant :

« J'arrive du Cachemyre, pays splendide, paradis du monde.

» Je vous écris d'Amristoy, ville de un million huit cent mille âmes. C'est aujourd'hui le centre le plus actif de la fabrication des cachemyres et du foulard. On y voit des monuments dont rien n'égale la richesse. J'ai visité un temple dont le dôme et les clochetons sont en or, avec des milliers de pierres précieuses enchâssées dans le métal. »

* * *

Arrêtons-nous là. Nous avons fait connaître le foulard et le pays où il se tisse : en vanter les qualités serait superflu, nous laissons ce soin aux personnes qui en font usage.

La COMPAGNIE DES INDES, la première et la plus importante des spécialités de foulards fournisseur de Sa Majesté l'Impératrice, n'a point d'autre dépôt dans Paris que sa maison rue de Grenelle-Saint-Germain, nº 42 (ne pas confondre le nº 42).

Envois d'échantillons et marchandises *franco* jusqu'à destination, quelqu'indirect que soit le parcours.

RODE FOULARD
de la Compagnie des Indes

CATALOGUE

DES

ARTICLES DES MAGASINS

de la

COMPAGNIE DES INDES

Première Série.

Fichus imprimés sans bordure, à 0 fr. 40 c. 0,75; 0,95; 1,25; 1,50; 1,75.

Fichus unis toutes nuances, filets d'encadrement, à 1 fr. 25 c.; 1,75; 2,25; 2,75.

Fichus unis avec bordure en couleurs, à 1 fr. 25 c.; 1,50; 1,75; 2 fr.; 2,75; 3 fr.

Fichus imprimés en toutes nuances, à 1 fr. 25 c.; 1,50; 1,75; 2 fr.; 2,75; 3 fr.

***

Foulards fillette unis avec lito, 55 centimètres, à 1 fr. 75 c.; 2,75; 3 et 4 fr.

Foulards fillette unis avec bande mate, à 1 fr. 75 c.; 2,75; 3 et 4 fr.

Foulards fillette, impression toutes couleurs sur fond blanc, à 1 fr. 75 c.; 2,75; 3 et 4 fr.

Foulards fillette unis en toute nuance avec filet blanc, à 1 fr. 75; 2,75; 3 et 4 fr.

***

Foulards pochette unis toutes nuances, 62 centimètres, à 2 fr. 25 c.; 2,50; 2,75; 3 et 4 fr.

FOULARDS POCHETTE unis avec bordures blanches et coloriées, à 2 fr. 25 c. ; 2,50 ; 2,75 ; 3 et 4 fr.

FOULARDS POCHETTE, fond blanc, avec fleurette à 2 fr. 25 c. ; 2,50 ; 2,75 ; 3 et 4 fr.

FOULARDS BROCHÉS avec impression couleurs, à 2 fr. 25 c. ; 2,75 ; 3 et 4 fr.

*
* *

FOULARDS DE CHINE blanc et couleurs brochés à 2 fr. 25 c. ; 2,75 ; 3,50 ; 4 fr. et 4,50.

FOULARDS DE CHINE, blancs et couleurs, brochés, à 5, 6, 7, 8, 9, 10, 12 et 15 fr. extra.

FOULARDS DE CHINE en véritable batiste de soie, fond blanc tout uni avec lito blanc, à 1 fr. 75 c. ; 2,50 ; 2,75 ; 3,50 ; 4 fr. ; 4,50 ; 5 et 6 fr.

FOULARDS DE CHINE en véritable batiste de soie fond blanc, avec borduré ruban imprimé toutes couleurs, à 1 fr. 75 c. ; 2,50 ; 2,75, 3,50 ; 4 fr. ; 4,50 ; 5 et 6 fr.

Foulards de Chine en véritable batiste de soie blanc uni, largeur 90 centimètres, à 7, 8, 9 et 10 fr.

Cravates en foulard couleur et noir croisé, 70 centimètres, unis ou à pois ou autres petits dessins, à 2 fr. 75 c.; 3,50; 4, 5 et 6 fr. extra.

Cravates en foulard noir uni, 90 centimètres, à 4 fr. 50 c.; 5, 6, 7, 8 et 9 fr. extra.

Deuxième Série.

—

FOULARDS UNIS toutes nuances avec bordure, 70 centimètres, à 2 fr. 75 c.; 3,50; 4, 5, 6 et 7 fr.

FOULARDS GARANCÉS pour la poche, unis, à bande, à 3 fr. 50 c.; 4, 5, 6 et 7 fr.

FOULARDS GARANCÉS pour la poche, avec dessins, à 3 fr. 50; 4, 5, 6 et 7 fr.

FOULARDS FOND BLANC, impression couleurs, à 3 fr. 50 c.; 4, 5, 6 et 7 fr.

Foulards unis, bordures toutes nuances, 80 centimètres, à 3 fr. 50 c.; 4, 4,50, 5, 6 et 7 fr.

Foulards garancé, fond rouge, marron, jaune, écru, à 3 fr. 50 c.; 4, 4,50, 5, 6 et 7 fr.

Foulards fond blanc avec fleurettes couleurs à 3 fr. 50 c.; 4, 4,50, 5, 6 et 7 fr.

Foulards nouveauté, fonds toutes couleurs avec fleurettes, 90 centimètres, à 3 fr. 50 c.; 4,50, 5, 6 et 7 fr.

Foulards garancé pour la poche unis, avec bordure, à 4 fr. 50 c.; 5, 6 et 7 fr.

Foulards garancé pour la poche, impression très-bon teint, à 4 fr. 50 c., 5, 6 et 7 fr.

ROBE FOULARD
de la Compagnie des Indes

Troisième Série.

—

FOULARDS BANDANOS DES INDES, à 3 fr. 50 c.; 4,50, 5, 6, 6,50, 7 et 8 fr.

FOULARDS BANDANOS DES INDES, fond de toutes les couleurs, à 3 fr. 50 c.; 4,50, 5. 6, 6,50, 7 et 8 fr.

Cet article se vendant beaucoup, par douzaines assorties, il est fait une remise de 3 fr. quand on prend la douzaine entière assortie à son gré.

Quatrième Série.

—

FOULARDS CORAH DE L'INDE, très-belle qualité
pour la poche, largeur 80 centimètres. fond
garancé, rouge, jaune, marron et écru; à 5 fr.,
6 fr., et 7 fr. Remise de 3 fr. par douzaine,
pour un achat d'une douzaine assortie.

FOULARDS CORAH DE L'INDE, très-belle qualité
pour la poche, largeur 90 centimètres, toujours
en teintes garancées, fond garancé, écru, marron, jaune et tête de nègre; à 6, 6,50, 7, 8 et
9 fr. (par douzaine remise 3 fr.).

FOULARDS CORAH DE L'INDE, extrasublime arti-

cle extrêmement fort et épais, nuances garancées pour la poche; à 9, 10, 12 et 15 fr. (remise
3 fr. par douzaine).

Foulards corah de l'Inde, extra sublime,
fond blanc, fond bleu, fond pêche, pervenche,
fuchsia, pour foulards de dames; à 9, 10, 12 et
15 fr.

Foulards de l'Inde, représentant le palais
de l'exposition universelle de 1867, plan offi-
ciel; à 5 fr. 50.

Foulards de l'Inde, avec le drapeau colorié
de toutes les nations du globe; à 6 fr.

—

Foulards de Chine unis, 62 centimètres avec fleurs brochées toutes nuances ; à 1 fr. 40, 1,75, 2,50, 2,75, 3 et 3,50 fr.

Foulards de Chine unis, avec fleurs brochées toutes nuances ; à 3 fr. 75, 4, 50, 5 et 6.

Foulards de Chine unis, 70 centimètres avec fleurs brochées toutes nuances ; à 4. 5, 6, 7 et 8 fr. extra.

Foulards Ponngees de Chine, fonds brochés

ROBE FOULARD
de la Compagnie des Indes

toutes couleurs, fleurs brochées ; à 4, 5, 6, 7, 8, 9, 10 et 12 fr.

FOULARDS PONNGEES , uni blanc, 60 centimètres, à 4 fr. 50, 5 et 6 fr.

FOULARDS PONNGEES uni blanc, 70 centimètres, à 5 fr. 50, 6, 7, 8, 9 et 10 fr. extra.

FOULARDS PONNGEES uni blanc, 90 centimètres; à 12 et 15 fr. extra sublime.

—

Foulards cache-nez, impression cachemire sur corah; à 7, 8, 9 et 10 fr.

Foulards cache-nez, blanc, largeur 90 centimètres, sans bordure; à 5, 6, 7, 8 et 9 fr. extra.

Foulards Crimson, blanc de soie, largeur 80 centimètres; à 8 fr.

Foulards Crimson, blanc de soie. largeur 90 centimètres; à 10 et 12 fr., extra.

Cet article s'emploie beaucoup pour Garibaldis et chemises de nuit.

FOULARDS PONNGEES DE CHINE, largeur 90 centimètres, 15 fr. le mètre, article pour chemises de nuit et chemises russe.

FOULARDS SWRA, très-belle qualité, garanti pure soie, largeur 70 centimètres; à 6, 7 et 7 fr. 50.

Cet article se fait en uni toutes couleurs ou tissé avec carreaux aux rayures variées, et s'emploie beaucoup en uni pour chemisettes.

Le même article largeur 90 centimètres; à 10 et 12 fr.

CACHE-NEZ FOULARDS armures avec rayures, damiers, quadrillés unis et écossais, 90 centimètres à 15, 18 et 20 fr,

CACHE-NEZ véritable CRÉPON DE CHINE, largeur 90 centimètres blanc de soie, à 20 et 25 fr.

CACHE-NEZ FOULARDS, armures, fond blanc, 90 centimètres avec bordure de cachemire de toutes les nuances; à 12, 14 et 15 fr.

Le même article en fond rouge des Indes, marron, doré, noir avec la bande de cachemire or et noir ; à 12, 14 et 15 fr.

Cache-nez blancs, armures, sergé, grain de poudre, reps, grande largeur ; à 12, 14 et 15 fr.

ROBE FOULARD
de la Compagnie des Indes

Septième série

—

Foulards de l'Inde, 90 centimètres, unis en toutes nuances, pour robes de soirées, de chambre et de ville; en demandant une collection à la maison, on recevra une immense variété de coloris qu'il nous serait impossible d'énumérer, depuis 6 fr. 50 le mètre jusqu'à 10 fr.

L'assortiment de la maison en robes foulard est tellement étendu qu'il nous serait impossible de le détailler; nous en donnons un léger aperçu :

Robes de chambre foulards unis et impressions cachemire dans tous les coloris.

Robes pour jeunes filles pour soirées, unies ou rayures variées sur fond blanc ou couleurs très-claires.

La COMPAGNIE DES INDES croit devoir prévenir sa clientèle qu'elle est exclusive propriétaire du Tissu foulard double chaine et que, dans cet article, elle possède un assortiment splendide.

Des Tissus spéciaux pour la confection de robes et confections augmentent encore la collection si variée de son assortiment en foulards.

Foulards shanghaï, 85 centimètres, unis, quadrillés et écossais à 12, fr. le mètre.

Foulards shanghaï, noir gros grain, article spécial pour confections, largeur de 1 m. 85, à 18 fr. le mètre.

Foulards shanghaï unis, quadrillé et écossais, largeur 85 centimètres, à 12 fr. le mètre.

FOULARD DE L'INDE

I

On lit dans les principaux journaux de modes :

Nous faisons exactement comme nos pères, qui avaient le foulard en grande considération dans leur poche.

Les vrais priseurs sont restés fidèles aux anciens foulards nuancés rouge, jaune et noir, qu'on désigne sous le nom de Chopa et de Bandanos et qui sont invariables comme coloris.

Quant aux élégants et aux frileux, la Cie des Indes leur offre le foulard *Swra* à rayures et à carreaux camaïeux de toutes teintes, soit fond rouge de l'Inde, améthyste, bleu impérial et lever d'aurore, pour cache-nez.

Ou bien le foulard crimson, ayant le blanc mat du camélia, très-souple et très-soyeux.

Le foulard argenté ou satin croisé.

Le foulard broderie de Chine, en qualité extra forte.

Le foulard Swra, extra beau, à gros grains, valant 12 et 15 fr. le foulard.

Le foulard crêpe de Chine, pour cache-nez et qu'on prend à la pièce de la longueur qu'on désire.

Et le foulard Nangasaki, tissé exprès dans l'Inde, pour cravates d'hommes et pour cache-nez, à tout petits dessins noirs sur fond blanc et sur fond maïs, ou à larges marcarnes noirs sur fond blanc.

Mes lecteurs ne se plaindront pas. — La Cie des Indes partage ses faveurs, et les femmes élégantes ne sont pas les seules favorisées. — L'étalage de la Cie des Indes, rue de Grenelle-Saint-Germain, 42, mérite 'être cité. On dirait d'un kaléidoscope de couleurs ou d'un ballet de bayadères tendant leurs écharpes aux mille nuances variées.

Pour cadeaux de dames, mentionnons une douzaine de foulards en batiste de soie *à 33 fr.* la douzaine, soit fond blanc, ou fond maïs, avec hirondelles noires, blanches, bleues ou roses. — Ou bien une très-belle robe en foulard uni, ou bien avec semés de pois, ou bien encore avec rayures Pékin.

Tous les articles de la Cⁱᵉ des Indes son offerts dans de jolis cartonnages illustrés.

Chaque douzaine de foulards a son sachet parfumé.

Les femmes, les fleurs et les parfums s'entendent toujours.

II

La robe de chambre dit bien mieux qu'une toilette gala ce qu'est la femme.

La véritable élégante l'est autant pour elle que pour les autres.

Il lui est d'abord si facile de se faire des déshabillés de chez soi, très-peu coûteux tout en étant à la mode du jour, qu'elle ne doit pas hésiter à aller à la *Compagnie des Indes*, rue de Grenelle-Saint-Germain, 42, faire plus d'une acquisition de foulards unis, ou de foulards cachemire illustrés de palmettes ou de rayures orientales. Sur le foulard uni on met des entre-deux de guipure, et sur le foulard oriental des glands et des cordelières.

Le foulard des Indes a conquis une place importante dans la mode et dans l'industrie. L'ameublement en tire un ingénieux parti pour les tentures et les rideaux de boudoir et de chambre à coucher, et la mode doit au foulard ses plus délicieuses toilettes de campagne et des eaux, et ses robes les plus confortables et les plus économiques pour toilettes de tous les jours. Bien mieux, le foulard a remplacé la flanelle auprès des femmes élégantes, qui préfèrent la *Chemise Odalisque* et le *Pantalon Sultane* au gilet et au pantalon de flanelle. Le foulard est plus léger, plus moelleux et tout aussi hygiénique.

Toute femme qui calcule préférera le foulard au taffetas.

VICOMTESSE DE RENNEVILLE.

Vue extérieure des Magasins de la *Compagnie des Indes*, 42, rue de Grenelle Saint-Germain

IV

Avec les beaux jours reviennent les belles robes de foulard.

On peut demander à la Cie des Indes, 42, rue de Grenelle-Saint-Germain, sa collection de foulards printaniers, et on la recevra *franco* train express.

Que contient cette collection?

Toutes les nuances les plus pures et les plus variées en foulards unis.

Les foulards de la Cie des Indes empruntent aux fleurs et aux pierreries leur coloris le plus éclatant.

Quant à la fantaisie, elle est multiple.

Ce sont des gerbes dorées, argentées et noires, sur toute espèce de fond se faisant opposition.

Des barrettes perlées, égrénées de distance en distance et faisant deux séries de perles.

De grosses perles ombrées noires, blanches, bleues, violettes sur fond blanc, fond de couleur et fond camaïeu teinte sur teinte.

Des rayures Pékin de toutes les nuances et de toutes les largeurs.

Des bouquets de volubilis ombrés jetés sur fond blanc et fond de toute couleur.

Des foulards orientaux avec médaillons cachemire sur rayures blanches et rayures noires.

Des violettes effeuillées sur fond noir.

Et de gros pois de couleur sur fond blanc, ou de pois noirs et de pois blancs sur fond de couleur.

La collection en sait bien plus long que moi.

C'est pourquoi il faut la consulter.

V

Le foulard joue un rôle tout aussi important comme doublure que comme étoffe. — On le préfère de beaucoup au taffetas pour ameublement et pour confections.— Il se prête à toutes les combinaisons de l'élégance, de la mode et du décor.

Les foulards d'automne sont fond noir et fond de couleur, avec dispositions de fleurettes de couleurs variées à l'infini. Comment les décrire tous?...

C'est un foulard noir, avec feuillage de deux teintes — groseille et feuille morte — violet ou bleu, avec cette même feuille morte qui fait contraste à la feuille de couleur.

Un foulard fond noir, avec deux petits carrés ombrés en teinte groseille. L'un des carrés est à demi effacé. — On l'ombre de l'autre.—Cette robe est cotée 48 fr., en huit mètres et en quatre-vingt-dix centimètres de largeur.

Un autre foulard noir et charmant parsemé de tout petits bluets.

Les foulards unis et les foulards fond blanc et de nuance tendre, sont toujours la vogue pour robes de demi et de petite soierie.

Sur le foulard uni, tous les ornements sont possibles. On peut faire une robe très-simple comme une robe très-habillée.

Les petits foulards de nuance tendre sont ravissants de fraîcheur et égayés de mille raies qui produisent un délicieux ensemble. — Voulez-vous les connaître?

Demandez à la *Compagnie des Indes*, 42, rue de Grenelle-Saint-Germain, sa collection complète d'échantillons de foulards d'automne et d'hiver, et elle vous arrivera *franco*.

III

Du moment où les soieries vont s'égayer de floraisons de fleurs, les foulards suivront leur exemple.

Les foulards de la Cie des Indes se guident sur les décrets de la mode. Les ordres sont donnés en conséquence; les déssins envoyés, et au printemps nous verrons fleurir tous les nouveaux foulards qui défrayeront la saison d'été.

Ce qui fait prime en ce moment, ce sont les robes de foulard genre cachemire des Indes. C'est très-riche et très-élégant, légèrement ouaté et doublé de foulard de nuance vive. Il y a plusieurs dispositions de foulards-cachemire, soit à larges rayures, à palmettes orientales, à bordure et à fond plein.

Pour la saison d'hiver, la Cie des Indes, offre aux dandys de très-fantaisistes cache-nez, et à messieurs les priseurs de très-solides foulards de poche. Les cache-nez sont en] Ponnges, en foulard-cachemire, en crimson, en foulard croisé et en Swra des Indes. Les foulards pour les priseurs sont en Banda-nos de nuances rouge et jaune des Indes.

Les hommes économes trouveront aussi à la Cie des Indes des cravates en foulard noir, formant un carré de 90 cent., à partir de 4 fr. 50 jusqu'à 8 fr.

Voilà de l'économie. Le foulard ne se coupe pas comme le taffetas.

MODES D'ÉTÉ.

Paris. — Imprimerie VALLÉE, 15, rue Breda.

...ILLE, 15, rue Breda.